BEI GRIN MACHT SICH IHR WISSEN BEZAHLT

AF167059

- Wir veröffentlichen Ihre Hausarbeit,
  Bachelor- und Masterarbeit

- Ihr eigenes eBook und Buch -
  weltweit in allen wichtigen Shops

- Verdienen Sie an jedem Verkauf

Jetzt bei www.GRIN.com hochladen und kostenlos publizieren

Mit Unst die Welt verändern. Künstlerische Zugriffe auf die Wirklichkeit in der Theaterpraxis Milo Raus

Roxana Rotaru

Bibliografische Information der Deutschen Nationalbibliothek:

Die Deutsche Nationalbibliothek verzeichnet diese Publikation in der Deutschen Nationalbibliografie; detaillierte bibliografische Daten sind im Internet über http://dnb.d-nb.de abrufbar.

ISBN: 9783346575944
Dieses Buch ist auch als E-Book erhältlich.

© GRIN Publishing GmbH
Nymphenburger Straße 86
80636 München

Alle Rechte vorbehalten

Druck und Bindung: Books on Demand GmbH, Norderstedt Germany
Gedruckt auf säurefreiem Papier aus verantwortungsvollen Quellen

Das vorliegende Werk wurde sorgfältig erarbeitet. Dennoch übernehmen Autoren und Verlag für die Richtigkeit von Angaben, Hinweisen, Links und Ratschlägen sowie eventuelle Druckfehler keine Haftung.

Das Buch bei GRIN: https://www.grin.com/document/1159379

Freie Universität Berlin

Institut für Theaterwissenschaft

WS 2016/2017

HS: „Together: Von der Gruppe zum Netzwerk. Zur Geschichte und Ästhetik des Kollaborativen in Theater, Performance und Bildenden Künsten"

VM Gegenwartstheater

Mit Unst die Welt verändern.
Künstlerische Zugriffe auf die Wirklichkeit
in der Theaterpraxis Milo Raus

Rotaru Roxana

Inhaltsverzeichnis

1 Einleitung

Begleitet von seinem Konzept des „globalen Realismus", bemüht sich Milo Rau von Anfang an für sein politisches Engagement entsprechende ästhetische Ausdrucksformen zu
entwickeln. In den vergangenen Jahren hat er drei Formate künstlerisch erforscht und
weiterentwickelt: das Reenactment oder die „Erforschung von Bildern, Diskursen und ge-
sellschaftlichen Handlungsweisen anhand ihrer detaillierten szenischen Nachahmung"[1], das
der nicht selten umstrittenen Gerichtsprozesse und Tribunale und eine dritte Form, die sich
mit dem Erzählen beschäftigt.

Für eine tiefere Analyse seiner Theaterpraxis muss man sich neben dem Prozess der Rezeption auch mit dem phänomenologischen Aufbau seiner Kunst auseinandersetzen. Gean-
kert zwischen Kunst und Wissenschaft, seine Arbeit versteht sich als eine Kollaboration
mit anderen KünstlerInnen, WissenschaftlerInnen, JournalistInnen, SchauspielerInnen und
TeilnehmerInnen seiner Projekte, die in einen Netzwerk agieren und über dem International Institut for Political Murder verbunden sind. IIPM versteht sich als Mischung aus einem wirtschaftlichen, wissenschaftlichen und diplomatischen Unternehmen, das in seiner
Personalstruktur in ein „Executive Committee", „Departments" und „Ambassadors" geteilt
ist, um die notwendigen Schritte der Projekte durchzuführen. In seinem wissenschaftlichen
Verständnis, versucht IIPM institutionelle Grenzen wie zwischen Praxis und Theorie zu
überschreiten, in beiden Formen der Arbeit und der Ergebnisse.[2]

Aus verschiedenen Formen, Formaten, Genres und Medien, eingebunden in einen theoretischen Rahmen, die eine Form des Realismus nimmt, wird ein Netzwerk des Ästhe-
tischen erstellt, dessen Prozesse nicht nur als eine diskursive Bereicherung der laufenden
Debatten über die Dynamik einer materiellen Welt betrachtet werden sollen. Der Künstler
führt eigentlich die Welt, die er sich vorstellt, auf.[3] In diesem Zusammenhang ist seine
künstlerische Praxis nur im Rahmen einer menschlich-materiellen Verwicklung, einer materiellen *agency*[4] zu untersuchen, die mit sozio-technisch-materiellen Bedingungen ver-
schränkt sind. Auch wenn *alien agency* ein auf Forschung basiertes Studium der Produkti-
on der Kunst ist, liegt mein Fokus auf der Untersuchung der affektiven und empirischen

---

[1] Siehe Rau: „Vom traumatischen Raum zum Möglichkeitsraum", URL: https://intern.zhdk.ch/index.php?
id=109312.
[2] Siehe Umathum: „Du sollst dir ein Bild machen!", S. 49.
[3] Vgl. Salter: *Alien Agency*, S. xii.
[4] Der Begriff „materielle *agency*" ist von Chris Salter übernommen worden.

Aspekte, die folgende Fragen aufwerfen: Wie entstehen Erfahrungen in der Welt durch Milo Raus Praxis und was bewirken sie? Um diese leitende Frage zu beantworten, müssen andere gestellt werden, deren Antwort den Zusammenhang zwischen den Medien, Strategien, Dramaturgien und Bedingungen für die Konstruktion und Choreographie der Erfahrung und Wirkung zwischen Menschen und den von den Künstlern gebrauchten Materialien erhellen können.[5]

In einem zweiten Teil möchte ich die Frage der materiellen *agency* beantworten: Wie greift die Vielfalt der menschlichen Vorstellungskraft und Erfahrung mit den auffallenden materiellen Effekten und Performances jenseits von uns, ineinander?[6] Außerdem möchte ich klären wie diese unregistrierbaren Erfahrungen der Wahrnehmung und der Wirkung in solchen Theaterexperimenten zum Ausdruck kommen..

Um eine Entwicklung aufzuzeigen, habe ich mich für zwei Projekte von Milo Rau und IIPM entschieden, die eine Veränderung in der Arbeitsweise sowie in unterschiedlichen Ansätzen des Regisseurs aufzeigen: *Hate Radio* (2011), das Reenactment eines rassistischen Radiosenders aus der Zeiten des Genozids in Ruanda und *Das Kongo Tribunal* (2015), ein Gerichtsprozess in zwei Teilen, der die aktuelle Situation im Ost-Kongo zur Verhandlung anbietet.

2 Wirklichkeitsvisionen

Wenn Milo Rau in *Hate Radio* mit der SchauspielerInnen recherchiertes und montiertes Material auf die Bühne bringt, treten, angefangen mit seinen Theater-Prozessen, Menschen ohne schauspielerische Ausbildung auf, die über ihre eigene Erfahrungen sprechen und sich selbst spielen. Zwei antithetische Zugriffe, die eine Entwicklung in seiner künstlerischen Strategie nachweisen. Von dem Format des künstlerischen Reenactment wie in *Hate Radio*, eine detailtreue Rekonstruktion der rassistischen Radiostation aus Ruanda, wechselt Rau mit *Das Kongo Tribunal* auf das Prozessformat, das genau anders funktioniert. Wenn *Hate Radio* durch Verdichtung und Rhythmitisierung eine bessere Radiostation darstellt als es RTLM in Wirklichkeit gewesen ist, um seine Realität, eine Aktualisierung zu produzieren, versucht Milo Rau in den Prozessen wie auch in *Die Moskauer Prozesse* und in *Die Züricher Prozesse* eine völlig offene, antagonistische Situation zu schaffen, die jede

---

[5] Vgl. Salter: Alien Agency, S. xii.
[6] Ebd.

traumatische Qualität der Wiederholung vermeidet.[7] In *Das Kongo Tribunal* bricht Rau, wie schon in *Civil Wars*, mit dem Format des Reenactments: dass etwas schon mal war, schon mal stattgefunden hat. Es geht hier um einen Fall, der noch nicht verhandelt war. Es geht um eine formale Veränderung, eine Veränderung des eigenen realistischen Konzept der Darstellung. Der Regisseur verzichtet auf Überidentifikation und Wiederholungsstruktur und versucht ein Experiment.

2.1 Hate Radio

In der Mitte der Bühne befindet sich ein rechteckiger Container. Jalousien verhüllen das Innere und eine undurchsichtige Fassade trennt das Geschehen von dem Publikum. Die Fassade verwandelt sich beim Beginn der Aufführung in eine Projektionsfläche, auf der Informationen des Genozids in Ruanda und großformatige Videobilder von zwei Frauen und drei Männer erscheinen. Mit dem Oberkörper und Gesichtern zur Kamera hin gerichtet, berichten sie über Erfahrungen von Menschen, die 1994 angesichts der Ermordung von Angehörigen der Tutsi- Minderheit und Hutu zu Opfern, Mittätern und Beobachtern wurden. Die Geschichten werden aus der Perspektive der jeweils Betroffenen erzählt. Durch mehrmalige Identitätswechsel wird es deutlich, dass sie als Stellvertreter fungieren. Die Texte, die sie sprechen, sind von Georges Ruggiu oder Valérie Bemeriki, ehemalige Moderatoren des propagandistischen Radiosenders RTLM. [8]

Als die Jalousien nach oben fahren, wird der Inhalt des Containers als Nachbau des Studios sichtbar, in dem der Radiosender RTLM auf Sendung ging. Drei der SchauspielerInnen, die auf den Videobildern zu sehen waren, sitzen jetzt in dem Studio und zeigen die Moderatoren Bemeriki, Ruggiu und Kantano Habimana während einer Live- Sendung: beschwörend sprechen sie ihre Texte in die Mikrophone, telefonieren mit Radiohörern, um diese zu Folter und Mord aufzurufen, trinken und rauchen, gestikulieren.[9] In einer Ecke sitzt auf einem Stuhl ein vierter Man, der sich erhebt und durch den Raum bewegt, während in dem Zimmer nebenan eine fünfte Person als DJ Joseph in regelmäßigen Abständen Musik auflegt: „Rape me" von Nirvana, „Le dernier slow" von Joe Dassin und „I like to move it" von Reel to Real.

---

[7] Siehe Tobler; Rau: „Die Dinge nicht nur darstellen, in sie eingreifen", URL: www.diaphanes.ch/titel/die-dinge-nicht-nur-dar—stellen--in-sie-eingreifen-3669.
[8] Siehe Umathum: „Du sollst dir ein Bild machen!", S. 38-39.
[9] Ebd.

Der dritte Moderator, der in der Inszenierung eine wichtige Rolle spielt, ist der Italo-Belgier Georges Ruggiu, der durch Zufall in das Redaktionsteam gekommen war und als Ausländer eine wichtige Funktion übernahm.[10]

Anmerkung der Redaktion: Diese Abbildung wurde aus urheberrechtlichen Gründen entfernt.

Der eineinhalb Jahre andauernde Prozess der Forschung bei *Hate Radio* beinhaltete Interviews mit damaligen Akteuren aus Ruanda: mit überlebenden Radiohörern, Journalisten, „einfachen Tätern", Mitgliedern der Übergangsregierung, die an den Genozid beteiligt gewesen sind, intensive Gespräche mit MedientheoretikerInnen und Soldaten der Befreiungsarmee und sogar mit der Moderatorin Valérie Bemeriki selbst. Sie lieferte Informationen über die Einrichtung des Studios, über die Tafel mit den prominenten Opfern, über Arbeitsabläufe und das Verhalten der ModeratorInnen zueinander. Rau und sein Kollektiv haben Akten vom International Criminal Tribunal for Rwanda, Tonfiles und Videoaufnahmen gesichtet und ausgewertet. Mit Hilfe der Kooperation mit dem Memorial Center in Kigali und einer ruandischen Radiostation bekommen sie Zugang zu Datenbanken mit den zum Teil verbotene Hits des ruandischen Genozids. Damit sind jedes Wort und jede Anekdote aus der Inszenierung dokumentarisch belegt..[11]

Das mühsame Prozess des Schreibens, der der Recherche folgt, ist der Übergang von den Tatsachen, von der Erzählung zu einer Situation, die man als real bezeichnen kann, die „von sich aus spricht".[12] Interessante untergründige Strukturen, die zum Schein kommen, ergeben für Rau die Metaphysik der Person, die dadurch eine besondere Relevanz für den

---

[10] Siehe Bossart; Rau: „Wenn aus Wasser Eis wird", S. 8.
[11] Ebd., S. 9.
[12] Bossart; Rau: „Das ist der Grund, warum es die Kunst gibt", S. 33.

künstlerischen Prozess hat.[13]

An der Recherche vor Ort sowie an der Transkription der geführten Recherche beteiligten sich unter vielen anderen der Dramaturg Jens Dietrich, die Wissenschaftlerin Eva-Maria Bertschy, die Übersetzerin Didacienne Nibagwire und die Schauspieler Sébatien Foucault und Dorcy Rugamba.[14] Die SchauspielerInnen, die Überlebende des Genozid sind, spielen nun die MörderInnen ihrer eigenen Familien.[15] Sie sind von dem Wünsch geleitet, mit sich etwas zu klären, ein Statement abzulegen.[16]

Milo Rau versucht auf der Basis von Fotografien und Videos, Szenen zu entwerfen, die Bilder für das „Unvorstellbare und Undarstellbare" produzieren können.[17] Die Bilder, die er über Monitore und szenischen Prozesse vermittelt, und die wiederum den Zuschauer fordert, sich eigene Bilder und Vorstellungen zu machen, verweisen ihrerseits darauf, dass das historische Ereignis schon immer etwas Gemachtes und stets aufs Neue zu Machendes ist. Der Genozid wurde nicht nur gemacht und vollzogen, sondern auch durch Fotografien, Filme und Zeugenberichte dokumentiert, die Auskunft geben und das individuelle und kollektive Gedächtnis bereichern. Seine Inszenierung ist nicht nur die Rekonstruktion des schon Konstruierten. Sie ist neu Gemacht und neu Machendes, die ihre Teilhabe an der fortwährenden Konstruktion des Bezugsereignisses ausstellt und zur Verhandlung freigibt.[18] Die schon gegebenen Bilder, die auf Vergangenheit hinweisen, werden „eine Vorlage für eine in die Vergangenheit und zugleich die Zukunft gewendete Geste".[19]

Hate Radio ist ein Drama ohne Spannungsboden oder kritische Haltung. Der Ausbau der Szene führt diesen Ausschnitt einer historisch gewordenen Wirklichkeit in eine Realität zweiter Ordnung. „Was zu vergessen werden droht, was ausgeblendet oder nie gewusst wurde, verwebt sich auf der Bühne zum Ineinander von An – und Abwesenheit."[20] Der Prozess der Aufführung generiert ein Bild, das eine Vorstellung entstehen lässt und Zugang bietet zum Vergessenen, Verdrängten, Versäumten.

Die Proben an *Hate Radio* ähnelten der regulären Arbeit in einem Radiostudio: das Sprechen in die Mikrophone, die Kommunikation mit den Anrufern, das Kommunizieren mit Kopfhörern. Über die Radiotechnik und Lieder von Nirvana und Sonic Youth sind sie

---

[13] Siehe Wahl; Rau: „Die Wahrheit der Wiederholung", S. 229.
[14] Siehe Rau: "Hate Radio", S. 160.
[15] Siehe Bossart; Rau: „Wenn aus Wasser Eis wird", S. 22.
[16] Siehe Bossart; Rau: „Das ist der Grund, warum es die Kunst gibt", S. 34.
[17] Umathum: „Du sollst dir ein Bild machen!", S. 50.
[18] Ebd.
[19] Ebd., S. 51.
[20] Ebd., S. 46.

zur einer wütenden und zynischen Jugendbewegung gelangt, die charakteristisch für Anfang der neunziger Jahre war. [21]

Aus der Erzählungen des Regisseurs hat man erfahren, dass die TeilnehmerInnen der Uraufführung in Kigali ausriefen: „Genau so war es!". Und die Tatsache dass die Inszenierung keine genaue Wiedergabe der Dialoge und Musik des Radiosenders nachweist[22], aber als „genau so" empfunden wurde, zeigt, dass die Methode des Realismus, die Rau als einen Wachtraum, ein Bild, in das man eintreten kann, mit „genauso viel Phantasie wie mit Genauigkeit zu tun hat".[23] Die Präzision und die Phantasie in einem antagonistischen Prozess so zu vereinen, dass die Betroffenen ein Wiedererleben zumindest verspüren, das ist die Kunst Milo Raus.

Hate Radio ist mehr auf Sendung während der Theateraufführungen gegangen als der richtige RTLM. Die Inszenierung lief in über 15 Ländern und wurde von szenische Lesungen und Neuinszenierungen in den USA, England, Denmark und Deutschland sowie von einem Hörspiel in Frankreich und einen Fernsehfilm im deutschsprachigen Raum begleitet.[24]

2.2 Das Kongo Tribunal

Ein ländlicher Ort im Kongo. Eine Masse von Menschen; Frauen, Männer und Kindern haben sich rund um die in weiße Plastiksäcke eingepackten Leichen versammelt. Die Kamera geht an die Menschen ran, die die Säcke einzureihen versuchen. Eine Hand zieht eine Decke weg und enthüllt den erschütternden Anblick des toten Körpers eines Kindes. Diese Bilder fing die Kamera ein, als das Team von Milo Rau dem Massaker von Mutarule im Jahr 2014 aus Zufall begegnete und es zu dokumentieren versuchte.

Ein Jahr später liefen die Bilder auf einem Monitor im „Salle de Spectacles" des Collège Alfajiri in Bukavu. Beim Betreten der überwältigenden Gebäude wird man mit dem Blick eines improvisierten Gerichtssaal konfrontiert: die Empore des Richters, das Geschworenengericht sowie der Zeugenstand. Oben auf die Wand steht geschrieben „Vérité et Justice" - Wahrheit und Gerechtigkeit.

---

[21] Siehe Bossart; Rau: „Das ist der Grund, warum es die Kunst gibt", S. 27.
[22] Siehe Milo Rau: „Hate Radio", S. 159.
[23] Siehe Bossart; Rau: „Das ist der Grund, warum es die Kunst gibt", S. 27.
[24] Siehe Rau: „Hundert Abende", S. 241-242.

Zwei Männer in schwarzen Roben mit plissierten weißen Jabots, Zeichen des Internationalen Strafgerichtshofs, geben erste Verweise auf das, was sich hier abspielt: Ein Tribunal, in dem das Hin und Her von Anwälten, Parteien, Zeugen und Zuhörern den Eindruck eines realen Gerichtssaals macht, mit seiner Atmosphäre der Nervosität und Angespanntheit. Es sind Jean-Louis Gilissen aus Belgien und der Staatsanwalt, Sylvestre Bisimwa aus dem Kongo, die oft am Internationalen Strafgerichtshof in Den Haag arbeiten.

Nur drei Kameramänner mit ihren Geräten, die sich auf der Bühne bewegen, sowie ein Monitor am Rande der Bühne, der aufgezeichnetes Material als Beweise zeigt, stören das Bild eines Gerichtssaals.

Anmerkung der Redaktion: Diese Abbildung wurde aus urheberrechtlichen Gründen entfernt.

Der Richterhammer befindet sich als Zeichen der Macht eines unwiderruflichen Verdikts auf der Tribune. Zwischen Gläsern mit Wasser, Notizbüchern, Akten und Stiften zirkulieren Fotos des Massakers von einem Jurymitglied zum anderen, während im Zeugenstand ein Mann, vom Kopf bis zum Fuß in eine braune Bekleidung verhüllt, berichtet. Seine Kopfmaske, die den anderen Augen kein Detail des Gesichts erlaubt, macht einen verheerenden Eindruck. Seine Anwesenheit fungiert als Beweis für die Ernsthaftigkeit der Lage, für die Gefahr, in der er sich mit seinen Aussagen in diesem Prozess bringt.

Das Projekt „Das Kongo Tribunal" ist der logische Anschluss der früheren Beschäftigungen Milo Raus mit dem Genozid in Ruanda, Verursacher des Krieges im Ostkongo, die zuerst zu dem Projekt „Hate Radio" führten.[25] Auch hier ging Milo Rau mit den Werkzeu-

---

[25] Siehe Dvorak: „Gerechtigkeit ist möglich", URL: https://www.amnesty.de/journal/2015/oktober/gerechtigkeit-ist-moeglich.

gen der Forschung vor: nach einer langen Recherche und systematischem Vorgehen dokumentiert er in seinen Notizbüchern und Videoaufnahmen jede Aussage und Handlung, die im Prozess aussagekräftig sind. Und der Prozess seinerseits liefert eine beachtliche Datensammlung, generiert von den Fragen des Gerichts: Wie wurde die Mine enteignet? Welche Rolle spielte der Staat? Wann trat die Minengesellschaft Banro ins Spiel?[26]

Der Prozess ist die Fortsetzung einer philosophischen Idee, die Bernhard Russell und Jean-Paul Sartre in den 60er Jahren hatten, die mit deren Vietnam Tribunal vor einer autonomen Jury aus „Rechtsgelehrten und anderen Intellektuellen" die Kriegsverbrechen der USA während des Vietnamkrieges untersuchten, „ohne juristische Handhabe, dafür unabhängig von allen Staatsmächten"

Der künstlerische Prozess entfaltet sich: Während der Vorbereitungen für die Aufführung dreht das Team das Material, das dem Prozess als Anregung dienen sowie in einem Film bearbeitet wird.[27] Firmenmanager und Weltbankfunktionäre, der Gouverneur und der Studentenführer, Coltanschmuggler und Tagelöhner, die UNO und die NGOs führen Lügen und Wahrheiten in einem Gerichtsritual aus, das zwischendurch durch Signale aus der Realität des Filmemachens unterbrochen wird: Vor der Verhandlung hört man den „Cut!" des Regisseurs und das Zuschnappen der Filmklappe, die das Aufbewahren des Geschehens als Dokument für künftige Ermittler, Richter und Interessierte verkünden[28]. Sieben Kameras zeichneten das dreitägige Kongo Tribunal, und das Drehen im Ostkongo, ein Jahr lang, ergab über 300 Stunden Material. Mit dem Prozess kommt Rau der realen Welt so nah, wie man dem Begriff „Theatrum Mundi" mit technischen Mittel kommen kann.[29]

Hier schenkt Milo Rau nicht dem Urteilsspruch besondere Aufmerksamkeit, sondern dem Prozess der Verhandlung, in dem zwei Sichtweisen einer Sache gegeneinander antreten- und einer gewinnt.[30] Der Theaterraum verwandelt sich in einen Schutzraum für eine politische Aufarbeitung[31], dessen Arrangeur und gleichzeitig Zeuge und Mit-Angeklagter[32]

---

[26] Siehe Kümmel: „Das Theater geht an die Front", URL: http://www.zeit.de/2015/27/kongo-tribunal-milo-rau-theater.
[27] Siehe Fischer: „Meines Erachtens ist das ein Wirtschaftskrieg", URL: www.deutschlandfunk.de/das-kongo-tribunal-von-milo-rau-meines-erachtens-ist-das.691.de.html?dram:article_id=320456.
[28] Siehe Kümmel: „Das Theater geht an die Front", URL: http://www.zeit.de/2015/27/kongo-tribunal-milo-rau-theater.
[29] Bossart, Rau: „Recherche", URL: http://dreiunddreissig.org/recherche/.
[30] Siehe Dvorak: „Gerechtigkeit ist möglich", URL: https://www.amnesty.de/journal/2015/oktober/gerechtigkeit-ist-moeglich.
[31] Siehe Fischer: „Meines Erachtens ist das ein Wirtschaftskrieg", URL: www.deutschlandfunk.de/das-kongo-tribunal-von-milo-rau-meines-erachtens-ist-das.691.de.html?dram:article_id=320456.
[32] Siehe Kümmel: „Das Theater geht an die Front", URL: http://www.zeit.de/2015/27/kongo-tribunal-milo-rau-theater.

der Regisseur Milo Rau ist.

Raus Idee, dem Gerichtsdrama in der Tradition Peter Weiss performativ neue Impulse anzutreiben, besitzt ein utopisches Potential. Im Unterschied zu früheren Formaten sind die Prozesse keine Reenactments nach einem geschriebenen Script, sondern, in dieser starken formalen Struktur, Improvisationsformate. Die SpielerInnen sind aus der Wirklichkeit ausgewählt, sie sind Funktions- und Entscheidungsträger, direkt in der Rolle und meistens mit der politischen Haltung ihrer Selbst. Sie treten argumentativ gegeneinander auf. Die Parteien bekommen die gleichen Redezeiten und haben zur Auswahl die gleiche Zahl an Sachverständigen, die im Kreuzverhör zwischen Anklage und Verteidigung aus allen Perspektiven die Streitsache auseinander legen.[33]

Das Kongo Tribunal versucht etwas Neues: zwar wird die Vergangenheit gehoben, soll aber für die Zukunft entwickelt werden. Das Spiel will, in einem Rausch der Fakten, normenbildend werden.[34] Im *Das Kongo Tribunal* befindet sich das Modell einer zukünftigen Praxis der internationalen Rechtsprechung, nicht als künstlerische Allegorie, nicht in fiktiven Figuren, sondern als „reale Situation, in Anwesenheit der realen Akteure, nach real gültigen Recht."[35]

Mit seinem Experiment schaffte Milo Rau etwas, was die gegenwärtige Weltordnung nicht gewährt: den Aufbau eines universalen Rechts. Die symbolische Rolle des Projektes ermöglicht, dass fast alle Angesprochenen teilgenommen haben und für drei Tage im Kongo und an anderen drei Tagen in Deutschland eine funktionierende Rechtsordnung sich zu verwirklichen schien. Gegen den „halb blinden, halb zynischen Realismus der Expertokratie" setzt Milo Rau einen „Möglichkeitsrealismus"[36], der eine Situation kreiert, in dem nicht nur das Aussichtslose denkbar wird, sondern auch realisiert. Das Symbolische ist hier das Konkreteste:

»Genau so« wie das »Kongo Tribunal« muss ein Gericht funktionieren, »genau so« realisiert sich Gerechtigkeit, »genau so« funktioniert sein Timing, seine Gerichtsordnung. In der symbolischen Handlung wird das Allgemeine nicht durch das Besondere indirekt dargestellt, es wird erlebt und gleichsam hypnotisch »geschaut«[37].

---

[33] Siehe Wahl: „Das Agora Prinzip", S. 95.
[34] Siehe Kümmel: „Das Theater geht an die Front", URL: http://www.zeit.de/2015/27/kongo-tribunal-milo-rau-theater.
[35] Ebd.
[36] Ebd.
[37] Ebd.

3 Materielle *agency*

Das Definieren der Theaterpraxis Milo Raus als künstlerische Forschung eröffnet eine Debatte über einen Vergleich zwischen Kunst und Wissenschaft und ihre Erkenntnis- und Dokumentationsmethoden.

3.1 *agency* und künstlerische Forschung

Milo Raus künstlerische Arbeit ist beides: praktisch und theoretisch. Eine Trennung der Felder Kunst und Forschung in der Beschäftigung mit Ereignissen auf der Welt sieht Milo Rau als Nichtachtung dessen, was „In der Welt sein" künstlerisch gemeint ist.[38] Anderseits zeigt die materielle Kultur des Labors, dass Maschinen und Instrumente unsere Aufmerksamkeit befehlen können, wenn sie mit Bedeutung gefüllt werden; Wenn sie nicht nur auf ihre unmittelbaren Funktionen reduziert werden, sondern auch wenn man ihre verkörperte Strategien der Darstellung, Arbeitsbeziehungen und Verbindungen berücksichtigt. Mit der Idee einer performativen Wissenschaft verabschiedet man sich von einer repräsentativen Form der Erkenntnis und konfrontiert sich mit dem Begriff einer materiellen *agency*, die diese Wirklichkeit produziert..[39]

Das Gleichstellen der Menschen und der materiellen Dingen auf dieselbe ontologische Basis zeigt das Interesse der Forscher an einer Welt, die lebendig ist und sich immer in Transformation befindet. Es gibt kein denkbares soziales Leben, die ohne die Partizipation der Welt stattfindet: der materielle Dinge, Maschinen und Artefakte.[40] Materielle Dinge können genau so wie die Menschen an performativen Prozesses teilnehmen. Mit ihre Performanz handeln auf und verändern die materielle Welt.[41] Alle Aspekte der Arbeit haben einen performativen Charakter, es sei künstlerisch oder wissenschaftlich. Indem der forschende Künstler Experimente ausführt, manipuliert und verändert er die Materialien mit Instrumenten und Techniken in realer Zeit. Anderseits werden die materiellen Elemente wie Instrumente und Technik eingesetzt, um eine „Wahrheit" zu gestalten und hervorzubringen. Künstlerische Forschung zeigt nicht nur Wahrheiten über existierende Dinge son-

---

[38] Siehe Ryser; Rau: "Situationismus rückwärts", S. 47.
[39] Vgl. Salter: *Alien Agency*, S. 8.
[40] Vgl. Callon; Latour: "Don`t Throw the Baby Out with the Bath School!", S. 359, zit. nach Salter: *Alien Agency*, S. 9.
[41] Vgl. Salter: *Alien Agency*, S. 9.

dem führt die materielle Aktionen aus, die das Entstehen oder die Veränderung des untersuchten Objekts ermöglichen.[42]

Aus dieser Perspektive zeigt sich die Arbeit des Theatermachers Milo Rau als ein Hybrid zwischen wissenschaftlicher Forschung und künstlerischem Zugriff, in dem alle TeilnehmerInnen, SchauspielerInnen, ZuschauerInnen, Ensemble und Dinge, Geist und Materialität nicht auseinander gedacht werden können.[43]

Folgt man Chris Salters Theorie der *alien agency*, konfrontiert man sich in der Auseinandersetzung mit der künstlerischen Arbeit eines Künstlers oder Künstlerin mit einer eklektischen Montage aus Theorie, Forschung, Autobiographie, Tagebüchern, künstlerischen Stichworten und Ethnographie, welcher die wissenschaftliche Praxis reinszeniert. Organisiert auf Basis eines referentiellen Rahmens, der die Rezeption bestimmt, ist sie das bewegende Element hinter den Wirkungen die wir in der Wirklichkeit wahrnehmen. Sie ist das Prinzip, dass die scheinbar unüberbrückbare Differenz zwischen wissenschaftlicher und künstlerischer Praxis überwindet.

Die *agency* nennt Milo Rau „Unst", ein Wort das aus „Kunst" stammt. Seine Definition bringt uns in die Nähe seiner Montage der Handlungen und Aktionen: „Die Unst sammelt, kopiert, zeigt. Die Unst ist der Resteverwalter jener Wirklichkeit, die im Vorwissen der Kunst vergessen wurde".[44]

Der Ünstler besitzt im Gegensatz zum Künstler „wissenschaftlichen Eifer" und „vollkommene Objektivität":

Für den Ünstler ist jeder Augenblick seiner privaten Arbeit ein Teil der großen Arbeit am Welt-Objekt, welches wiederrum bloß Voraussetzung des Augenblicks ist. Schauspiel, Beleuchtung, Sprache, Musik. Der Blick der Zuschauer, der Diktatoren, ihrer Verräter, der Statisten, der Kameras. Die Kleinschreibung, die Großschreibung, das Exposé, die Recherche, die Kritik, der Absatz und die Abweichung.[45]

Für seine Projekte verwendet Milo Rau alle denkbaren Formate: von Theater, Film, Fernsehen, Bücher bis hin zur Talkshow, die nach seiner Meinung ihre Notwendigkeit und innere Gesetzmäßigkeit haben.[46] Die Arbeit und das Experimentieren mit Medien wie Film und Video hat für den Künstler und Forscher Milo Rau eine große Bedeutung. In der materiellen *agency* einzutreffen, dass Sachen eine Wirkung auf der Welt haben, bedeutet es ein

---

[42] Vgl. Salter: *Alien Agency*, S. 9.
[43] Siehe Bossart: „Heroismus der Erfahrung", S. 10.
[44] Rau: „Kunst", S. 15.
[45] Ebd., S. 17-18.
[46] Siehe Tobler; Rau: „Die Dinge nicht nur darstellen, in sie eingreifen", URL: http://www.diaphanes.de/titel/die-dinge-nicht-nur-dar—stellen--in-sie-eingreifen-3669.

ständiges Zusammenspiel zwischen Material und Mensch.[47]

Den theoretischen Rahmen baut Milo Rau auf dem Realismus auf- ein Begriff der auf die Basis einer fundamentalen Kritik des Naturalismus, Konstruktion und Abbildung extrahiert ist, der schließlich nur als Effekt des Set- Designs sowie der Beleuchtung zu charakterisieren ist.[48] Sein Anliegen, die Realität darzustellen, ohne „ihre Widersprüchlichkeit durch einen rationalen oder moralischen Imperativ zu verdrängen", verfolgt er nach Bossart mit einem künstlerischen Zugriff auf die Realität, der durch Symbolisierungsakte im kultischen Sinn bestimmt ist, mit einem Anspruch, der auf das Ganze gerichtet ist.[49] In dem er auf den Prozess der Symbolisierung im „kultischen Sinn" agiert"[50] versucht er die „tendenziell unbewusste" in einer „hochbewusste Öffentlichkeit", die auf heroische Art Bereitschaft zeigt, die verhandelnden Sachen neu zu bearbeiten.[51] Diese Symbolisierung versucht die Dinge als außergewöhnlich zu zeigen, so wie sie vor dem Verdrängungsprozess des kollektiven Bewusstseins waren.[52] Das Reale in seinen Stücken wirkt beängstigend, weil alles auf derselben Ebene stattfindet, und eine „totale Demokratie der Dinge und der Menschen" erlaubt. Eine apokalyptische Demokratie nach dem Menschen, zum Zeitpunkt der Auflösung des Menschlichen. Es ist eine „Semiosis, in der Menschen, Dingen und Ideen, das Lebende und das Tote, Technik und Organik völlig gleichberechtigt sind."[53]

In seinen beiden Stücken geht es darum, einer reale Situation zu schaffen, eine Situation der Entscheidung, der Verunsicherung. Es geht ihm nicht um die Repräsentation des Realen sondern um die Realität der Repräsentation. Das, was auf der Bühne stattfindet, ist für das Publikum und SchauspielerInnen real. Es ist gleichzeitig auch ein Abbild mit dokumentarischen Charakter, mit einer nachgeordnete Funktion, eine Folge von technischen Entscheidungen und Genauigkeit. Künstlerische Wahrheit unterscheidet sich von der historischen Wahrheit.[54]

Milo Rau arbeitet am meisten an realen Orte und mit Personen, deren Spiel nicht in reinen Spiel aufgeht. Damit versucht er das, was er soziale Plastik nennt: ein gesellschaftliches Selbstbewusstsein, indem er eine Reflexion der Sachen die als gewöhnlich gelten, verlangt. Die soziale Phantasie ist aktiv und hat einen Verwirklichungsdrang, sie will die

[47] Vgl. Salter: *Alien Agency*, S. 40.
[48] Siehe Bossart: „Heroismus der Erfahrung", S. 9.
[49] Siehe Bossart: „Symbolisierungsakt und heroische Öffentlichkeit", S. 81.
[50] Ebd., S. 82.
[51] Ebd.
[52] Ebd.
[53] Tobler; Rau: „Die Dinge nicht nur darstellen, in sie eingreifen", URL: http://www.diaphanes.de/titel/die-dinge-nicht-nur-dar—stellen--in-sie-eingreifen-3669.
[54] Ebd.

Welt umarmen und verändern.[55] Die soziale Plastik zielt auf Emotionen, die als verdrängt gelten, um den kollektiven Prozess des Verstehens in Gang zu setzten.[56] Seine Strategie besteht darin, dass er das Alte skandalisiert und durch etwas plausibles Neues ersetzt.[57]

Andere Theaterbegriffe entstehen, wie die schon erwähnte soziale Plastik. Auch von Schauspielkunst kann man in seiner zweiten Form der künstlerische Darstellung nicht mehr sprechen: Es gibt keine SchauspielerInnen und keine Schauspielkunst mehr. Wenn bis jetzt die Arbeit mit den Schauspielern zentral für die Ästhetik Raus gewesen ist, bildet Das Kongo Tribunal, so wie die anderen zwei Prozessprojekte Die Züricher Prozesse und die Moskauer Prozesse eine Ausnahme: Rau sucht nach DarstellerInnen im realen Leben: Das sind Anwälte oder Zeugen, die ihre Sicht der Dinge überzeugend darstellen und deren Performanz in der Situation Gewicht hat.

Das Skript und die vierte Wand existieren nicht mehr. Die Handlung entfaltet sich prozessual: Zwar existieren festgelegten Regeln, die sind nunmehr einem gerichtlichen Ablauf angepasst, das Ergebnis der Verhandlung ist aber offen.

3.2 „Es funktioniert."

Berücksichtigt man das Konzept der *agency*, sind die künstlerische Praxis, ihre Spezifik und aus ihr entstandene Arbeiten eine ethnographische Forschung. Ihr Ergebnis ist, dass der Künstler Milo Rau einen anderen Anspruch auf die Welt hat und sie durch ästhetische Erfahrung, affektive und effektive Differenzen produziert.[58]

Sein künstlerisches Schaffen, in dem die Technik eine große Rolle spielt, ist in komplexe politisch-sozial-ökonomisch-kulturelle Verflechtungen verwickelt und wird im akademischen Bereich als Wissenschaft mit dem Begriff der künstlerischen Forschung institutionalisiert. Wichtige Fragen erheben sich in diesem Zusammenhang: Wie produziert die künstlerische Arbeit Erkenntnis, und wenn nicht, wie ist sie auszuwerten und mit anderen erkenntnisschaffenden Disziplinen zu vergleichen? Was ist einzigartig und unterschiedlich im Vergleich zu Erkenntnissen in Humanwissenschaften und Soziologie? Wie kann ein der Künstler oder die Künstlerin seine Autonomie innerhalb eines Systems des Zwangs kon-

---

[55] Siehe Bossart; Rau: „Das ist der Grund, warum es die Kunst gibt", S. 18.
[56] Siehe Bossart: „Symbolisierungsakte und heroische Öffentlichkeit", S. 83.
[57] Ebd., S. 86.
[58]Vgl. Salter: *Alien Agency*, S. 13.

struiert aus Forschungsvorrecht und Strukturen aufbewahren?[59]

In der Regel, am meisten KünstlerInnen und in diesem Fall Milo Rau positionieren ihre Arbeit nicht als Erkenntnis gewinnend, das ein Prinzip der Forschung ist. Sie sprechen von Erfahrungen, Events, Intensität, Wirkung, Affekte. Die KünstlerInnen starten nicht mit einer Forschungsfrage; Die Kunstpraxis ist ein Mechanismus, der Fragen generiert.[60] Mehr noch, ein solcher experimentelle Rahmen für Forschung scheint etwas fundamentales, das offensichtlich in der Praxis und selten in der Theorie zu treffen ist, aufzuzeigen: Die Tatsache, dass Handlungen, insbesondere unvorhersehbare, nicht notwendig an systematische Modelle oder logische Ketten der Entscheidung gebunden sind. Zu sagen „Es funktioniert" bedeutet zu akzeptieren, dass Unfälle, Fehler, missverstandene Situationen, finanzielle Einschränkungen oder falsch bediente Technik essentielle Elemente des künstlerischen Prozesses sind.[61]

Wie schon beobachtet in der Praxis von Milo Raus, und in der materiellen *agency* kann man argumentieren, dass die künstlerische Forschung und ihre Ergebnis den wissenschaftlichen Experimenten ähneln, aber nicht, indem sie sie kopiert oder repräsentiert. Das Experiment betrachtet seine Materialien eher als aktiv, dynamisch und veränderbar statt als passiv und inert. Mehr noch, das experimentelle Leben transformiert diese Materialien in Agenten oder Händler, die tatsächlich die Welt verändern. Experimentieren ist Beschreibung und Erfindung. Die Wahrheiten und die Ansprüche der Welt sind nach ihrer Wirkung beurteilt: nach was ist mit und über die materielle *agency* geschaffen. Experimentieren ist das Konfigurieren einer experimentellen Situation, initiale Konditionen die multiple, unvorhersehbaren Ergebnisse haben.[62] *Alien agency* erkundet, wie die Künstler mit technologisch-kulturellen Prozessen arbeiten, was sie produzieren, wie diese Art von Arbeit und Erfahrung innerhalb dieses Kreises sich bewegen und welche Wirkung sie haben.[63]

4 Fazit

Die zwei Arbeiten von Milo Rau, *Hate Radio* und *Das Kongo Tribunal* zeigen zwei künstlerische Prozesse, in dem beide, Mensch und Material Koproduzenten sind und eine Verän-

---

[59] Vgl. Salter: *Alien Agency*, S. 13.
[60] Ebd., S. 13.
[61] Ebd.
[62] Ebd., S. 14.
[63] Ebd.

derung in der Umwelt auslösen. Durch ihre Prozesshaftigkeit, existieren sie weiter, über die von Milo Raus verfolgte Absicht hinaus. Es ist das In-der-Welt-sein, die materielle *agency*. Milo Raus künstlerische Handlung macht möglich, das Bild des Bekannten zu destabilisieren und es neu zu gestalten. Die ästhetische Erfahrung dieser affektiven und improvisierten Konstruktionen von Bedingungen operiert an uns und verändern uns. Sie destabilisiert beide: das Phänomen und seine Rezeption, während sie alles in Bewegung hält.[64]

Das Unbekannte, das *alien*, steckt in diese Montage aus Bedingungen, Interaktionen und Wirkungen. Es exemplifiziert nach Chris Salter die Unfähigkeit des Künstlers, die Ergebnisse dieser Experimente und die Wirkungen, die das Experiment generiert, zu kontrollieren und zu bestimmen. Das Modell funktioniert nicht immer, das Experiment geht oft über das Vorgestellte.[65]

---

[64] Vgl. Salter: *Alien Agency*, S. 241.
[65] Ebd.

5 Bibliographie

Bossart, Rolf: „Heroismus der Erfahrung. Milo Rau als Essayist". In: Rolf Bossart (Hg.): *Milo Rau. Althussers Hände.* Erste Auflage. Berlin: Verbrecher Verlag 2015. S. 7-12.

Bossart, Rolf: „Symbolisierungsakt und heroische Öffentlichkeit.Thesen zur politischen Wirksamkeit von Milo Raus Theaterarbeit". In: Rolf Bossart (Hg.): *Die Enthüllung des Realen. Milo Rau und das International Institute of Political Murder.* Erste Auflage. Berlin: Theater der Zeit 2013. S. 78-89.

Bossart Rolf; Rau Milo: „Das ist der Grund, warum es die Kunst gibt". In: Rolf Bossart (Hg.): *Die Enthüllung des Realen. Milo Rau und das International Institute of Political Murder.* Erste Auflage. Berlin: Theater der Zeit 2013. S. 14-35.

Bossart, Rolf; Rau, Milo: „Wenn aus Wasser Eis wird". In: Milo Rau: *Hate Radio.* Erste Auflage. Berlin: Verbrecher Verlag 2014. S. 6-30.

Callon, Michel; Latour, Bruno: "Don`t Throw the Baby Out with the Bath School!: A Replay to Collins and Yearley". In: *Science as Practice and Culture.* Chicago: University of Chicago Press 1992. S. 343-368. Zit. nach Salter, Chris: *Alien Agency. Experimental Encounters with Art in Making.* Massachusetts: The MIT Press 2015. S. 9.

Rau, Milo: „Hate Radio". In: Milo Rau: *Hate Radio.* Erste Auflage. Berlin: Verbrecher Verlag 2014. S. 156-219.

Rau, Milo: „Hundert Abende". In: Milo Rau: *Hate Radio.* Erste Auflage. Berlin: Verbrecher Verlag 2014. S. 240-243.

Rau, Milo: „Kunst". In: Rolf Bossart (Hg.): *Milo Rau. Althussers Hände.* Erste Auflage. Berlin: Verbrecher Verlag 2015. S. 13-74.

Ryser, Vera; Rau, Milo: "Situationismus rückwärts"In: Rolf Bossart (Hg.): *Die Enthüllung des Realen. Milo Rau und das International Institute of Political Murder.* Erste Auflage.

Berlin: Theater der Zeit 2013. S. 44-50.

Salter, Chris: *Alien Agency. Experimental Encounters with Art in Making*. Massachusetts: The MIT Press 2015.

Umathum, Sandra: „Du sollst dir ein Bild machen! Überlegungen zu Milo Raus „Die letzten Tage der Ceausescus" und „Hate Radio". In: Rolf Bossart (Hg.): *Die Enthüllung des Realen. Milo Rau und das International Institute of Political Murder.* Erste Auflage. Berlin: Theater der Zeit 2013. S. 36-52.

Wahl, Christine; Rau, Milo: „Die Wahrheit der Wiederholung". In: Milo Rau: *Hate Radio.* Erste Auflage. Berlin: Verbrecher Verlag 2014. S. 220-239.

Wahl, Christine: „Das Agora-Prinzip. *Milo Raus Prozesstheater in Moskau und Zürich".* In: Rolf Bossart (Hg.): *Die Enthüllung des Realen. Milo Rau und das International Institute of Political Murder.* Erste Auflage. Berlin: Theater der Zeit 2013. S. 90-117.

Internetquellen

Bossart, Rolf; Rau, Milo: „Recherche", URL: http://dreiunddreissig.org/recherche/. (17.02.2017).

Dvorak, Cordelia: „Gerechtigkeit ist möglich", URL: https://www.amnesty.de/journal/2015/oktober/Gerechtigkeit-ist-moeglich. (01.03.2017).

Fischer, Karin: „Meines Erachtens ist das ein Wirtschaftskrieg", URL: www.deutschlandfunk.de/das-Kongo-tribunal-von-milo-rau-meines-erachtens-ist-das.691.de.html?dram:article_id=320456. (2.03.2017).

Kümmel, Peter: „Das Theater geht an die Front", URL: http://www.zeit.de/2015/27/kongo-tribunal-milo-rau-theater. (09.03.2017).

Rau, Milo: „Vom traumatischen Raum zum Möglichkeitsraum",URL:

https://intern.zhdk.ch/index.php?id=109312 (01.03.2017).

Tobler, Andreas; Rau, Milo: „Die Dinge nicht nur darstellen, in sie eingreifen", URL: http://www.diaphanes.ch/titel/die-dinge-nicht-nur-dar--stellen--in-sie-eingreifen-3669%20 (09.03.2017).

BEI GRIN MACHT SICH IHR WISSEN BEZAHLT

- Wir veröffentlichen Ihre Hausarbeit, Bachelor- und Masterarbeit

- Ihr eigenes eBook und Buch - weltweit in allen wichtigen Shops

- Verdienen Sie an jedem Verkauf

Jetzt bei www.GRIN.com hochladen und kostenlos publizieren